AF264149

LE TRAVAIL NATIONAL

CONFÉRENCE

faite le 2 Juillet 1893, à l'Assemblée Générale

de l'UNION DES OUVRIERS ET EMPLOYÉS DE FÉCAMP

(Secours Mutuels)

PAR

M. Clément DE ROYER

LE TRAVAIL NATIONAL

CONFÉRENCE

faite le 2 Juillet 1893, à l'Assemblée Générale

de l'Union des Ouvriers et Employés de Fécamp

(Secours Mutuels)

PAR

M. Clément DE ROYER

CLÉMENT DE ROYER

Par ses paroles trop gracieuses, l'honorable baron Piérard qui nous préside, a rendu ma tâche bien difficile.

Il vous a dit que j'allais vous charmer...

C'est l'*Harmonie de la Bénédictine*, qui nous a charmés par la perfection qu'elle apporte à l'exécution de ses morceaux.

Pour moi, ce que je désire, c'est vous intéresser un peu, et vous montrer combien il est facile d'être d'accord lorsqu'il s'agit de questions qui touchent aux intérêts vitaux du Pays et de la Démocratie.

Je tiens avant tout, à remercier mon très aimable ami, votre énergique et dévoué président, M. Marcel Le Grand.

Je lui sais beaucoup de gré d'avoir pensé à m'appeler au milieu de vous pour cette imposante solennité.

Il sait que, comme lui, je suis un défenseur ardent et convaincu des droits et des intérêts du peuple!

Il sait que, comme lui, je n'éprouve jamais une satisfaction plus grande que lorsqu'il m'est donné, comme aujourd'hui, de me trouver au milieu de ceux qui représentent si dignement le travail national, et qui sont les vaillants soldats de cette démocratie pacifique, honnête et laborieuse qui est l'honneur, la force et la gloire de la France!

Comme tous les ans, vous avez voulu que cette fête de famille, qui vous réunit tous dans un même sentiment de concorde et d'union, commençât dans votre vieille abbaye, au pied des autels de Dieu!

Vous avez bien fait. Je vous en félicite et je vous en honore! Vous avez prouvé par là que vos cœurs étaient haut placés, qu'ils étaient inaccessibles aux attaques et aux railleries des intolérants et des sectaires, et vous avez publiquement affirmé, par un acte, ce grand principe de la *Liberté de conscience*, qui est la plus belle, la plus grande, la plus nécessaire des conquêtes de 1789!

Libéraux, indépendants, imbus de toutes ces idées généreuses qui sont gravées dans les cœurs honnêtes, dirigés par un homme dont le caractère ferme, dont la volonté inflexible pour le bien, ne se laisse ni décourager ni intimider, vous étiez appelés à voir prospérer, avec une incroyable rapidité, l'œuvre que vous avez créée.

Des chiffres valent mieux que des paroles. Ils ont leur éloquence invincible.

Fondée le 1er juin 1885, *la Société de l'Union des Ouvriers et Employés de Fécamp* était approuvée en 1887.

Elle comprenait alors **132** membres participants et **118** membres honoraires.

En 1892, elle comprenait **410** membres participants et **280** membres honoraires.

En 1893, elle comprend **448** membres participants et **297** membres honoraires.

Je ne sais pas s'il existe en France beaucoup de Sociétés de Secours mutuels qui pourraient justifier d'un pareil progrès, accompli en si peu d'années.

L'honneur de ces résultats revient à vous tous, membres honoraires et membres participants qui, depuis 1885, la main dans la main, au milieu de difficultés sans nombre, avez su conduire à bien et développer cette belle œuvre.

Vous avez compris tout ce qu'il y a d'utile, de respectable et de patriotique dans ce principe populaire et chrétien de l'assistance mutuelle qui ne demande aucun sacrifice à la dignité humaine et qui est la sauvegarde la plus efficace et la plus vraie du travail national.

I

A l'heure où nous sommes, au moment où se produit, quoiqu'en disent les esprits rétrogrades et chagrins, un grand mouvement social, qui doit marquer une étape nouvelle dans la marche en avant de la Démocratie française, j'ai pensé qu'il n'était pas de question plus digne de vous être soumise et d'être examinée devant vous que celle qui touche aux conditions dans lesquelles se trouve placé l'ouvrier français.

Sous ses formes les plus diverses, qu'il s'agisse de l'agriculture, qu'il s'agisse de l'industrie, qu'il s'exerce dans nos campagnes, qu'il s'exerce dans nos villes, le travail national doit être soutenu, encouragé, protégé avec la sollicitude la plus vigilante, avec la fermeté la plus éclairée.

Car il est le patrimoine de tous ; car il est cette source féconde d'où dépendent la richesse et la prospérité du pays.

Ceux qui le représentent, ouvriers des villes, ouvriers des campagnes, doivent trouver partout l'estime, la sympathie, le respect et l'appui de leurs concitoyens.

Oui, plus notre siècle avance, siècle de progrès et de transformation, plus grande est la place qu'occupe, en France, le travailleur dans la vie sociale.

Et c'est justice.

Est-ce que nous ne constatons pas tous les jours que, dans le monde entier, l'ouvrier français a conquis le premier rang ?

Est-ce que les œuvres qui sortent de ses mains, ne sont pas les plus parfaites et les plus admirées ?

Est-ce qu'il n'est pas le seul qui sache donner à ce qu'il fait ce suprême cachet de délicatesse, d'élégance et de goût qui tient à son initiative, à la finesse de son esprit, à la sûreté de son jugement ?

Est-ce que, pour l'activité, pour la persévérance, pour la moralité, pour la probité, l'ouvrier français n'est pas le premier ouvrier du monde ?

Et nous, enfants de la même patrie, élevés sous le même ciel, partageant les mêmes affections, les mêmes émotions, les mêmes douleurs et les mêmes joies, travailleurs, nous aussi, car c'est au travail que notre vie a toujours été consacrée, est-ce que notre premier devoir, notre plus grand bonheur, ne doit pas être de trouver les moyens d'assurer au travail national le calme, l'appui, la protection qui lui est si légitimement due, pour qu'il puisse prendre toute son expansion et donner tous ses résultats.

Citoyen libre d'un pays de suffrage universel, le travailleur, en France, a conquis l'égalité civile et l'égalité politique. Devant lui, aucune barrière qui l'empêche de parvenir, et, si l'on peut dire que tout soldat français a, dans sa giberne, le bâton de maréchal, on doit dire tout aussi justement, que tout ouvrier français peut prétendre aux honneurs, aux distinctions les plus élevées, et aux plus hautes situations.

Mais, de même que pour le soldat, que d'obstacles à franchir, que de dangers à courir, que de résistances à vaincre !

C'est à lui fournir les moyens de diminuer ces dangers, de triompher de ces obstacles, de détruire ces résistances, que notre sollicitude doit s'appliquer.

II

Cette sollicitude, comment s'exercera-t-elle ? Cette protection, par quels moyens pourra-t-elle se manifester ?

Contre les difficultés de la vie, contre les dangers et les conséquences de l'isolement, la Société de secours mutuels est la plus certaine des protections.

Est-il, en effet, une manifestation plus noble, plus pratique des sentiments de fraternité qui doivent unir tous les citoyens d'un même pays ?

Est-il une institution qui donne une plus éclatante satisfaction à cette éternelle loi de l'égalité sociale qui est la base de la démocratie moderne ?

Et cependant, qui le croirait, la création des Sociétés de secours mutuels a trouvé et trouve encore des détracteurs et des ennemis.

Pourquoi ?

Parce que la Société de secours mutuels assure l'indépendance et la liberté de l'ouvrier ; parce qu'elle lui permet d'échapper à la vie nomade, parce qu'elle lui facilite le moyen de s'établir définitivement dans la ville ou dans la commune où il vit, et d'y fonder une famille qui y perpétuera ses habitudes d'ordre, de travail et de probité.

Ce sont ces résultats certains que redoutent ceux qui ne veulent pour l'ouvrier ni foyer, ni famille, ni domicile fixe, afin de l'exploiter plus à leur aise et de spéculer sur sa misère pour obtenir de lui plus de travail, et pour lui distribuer moins de salaires !

C'est un malheur que je constate ; mais c'est un fait.

Est-ce que, sans ces résistances, la plus petite commune n'aurait pas déjà sa Société de secours mutuels.

Dans la campagne, non moins, peut-être, même plus que dans les villes, la mutualité rendrait d'immenses services !

Elle assure d'abord aux patrons de bons ouvriers.

Qu'est-ce qu'elle assure à l'ouvrier ?

Elle lui assure des soins médicaux sérieux, réguliers, désintéressés, des médicaments absolument garantis.

Grâce à elle, il peut toucher, par jour de maladie, un secours modeste qui est un droit et non une aumône, et il est sûr de ne pas entendre, à son chevet, les gémissements de sa femme et de ses enfants réduits à mourir de faim.

Lorsque la vieillesse paraît, il a droit à une pension et quand sonnera sa dernière heure, il est assuré que sa dépouille mortelle ne sera pas abandonnée ; que des amis, des camarades le suivront à l'église et au cimetière, et qu'il aura les honneurs, si modestes soient-ils, qui sont dûs à tout être humain qui a accompli son devoir ici-bas.

C'est l'épargne assurée, c'est la prévoyance produisant tous ses résultats humanitaires. C'est là de la vraie, de la bonne fraternité.

Pourquoi donc cherche-t-on à entraver l'extension de ces œuvres admirables ?

C'est bien facile à comprendre et les ennemis des Sociétés de secours mutuels sont très logiques.

Il y a d'abord ceux qui, arrivés d'hier, ne peuvent supporter la vue de cette grande poussée de la démocratie nouvelle qui se fait dans le pays et qui les déborde. Ils sont exaspérés de voir s'étendre et se développer pacifiquement ces principes d'égalité qui assurent au travailleur la place considérable qu'il a conquise.

Ils savent bien que dans un pays de suffrage universel, les hommes de désordre n'auraient plus rien à espérer le jour où les hommes de travail seraient définitivement unis, et, s'ils sont au pouvoir, toute leur tactique consiste à retarder la création de Sociétés nouvelles.

C'est l'ouvrier qui en souffre, mais c'est là le moindre de leurs soucis.

Il y a aussi ces doctrinaires qui, attachés, de bonne ou de mauvaise foi, aux utopies de l'internationalisme, ne rêvent qu'abaissement de toutes les frontières, fusion de tous les peuples, et s'acharnent contre tout ce qui peut amener l'ouvrier à se fixer, à renoncer à la vie errante, à devenir le citoyen sédentaire d'une commune déterminée.

Il savent bien, ceux-là, que les Sociétés de secours mutuels, en groupant les familles ouvrières dans les communes où elles trouvent réunis tant d'avantages, créent une barrière infranchissable à l'invasion de ces ouvriers nomades que l'Italie, l'Allemagne, la Belgique nous envoient par milliers et parmi lesquels se recrutent toujours, en temps de guerre, les espions, en temps de paix, les agents provocateurs des émeutes ou des grèves qui laissent après elles tant de ruines et tant de misères !

S'ils sont dans les assemblées politiques, s'ils sont dans l'administration, ces hommes s'efforceront toujours de rendre impossible l'organisation ou la marche normale des Sociétés de prévoyance et de mutualité.

Vous avez échappé à ces dangers.

Votre Société, légalement autorisée, vit prospère, brillante et sûre désormais du plus bel avenir.

Mais, autour de vous, il n'en est pas de même partout. Il est des Sociétés nouvelles, puissamment soutenues qui voulaient se créer et qui trouvent devant elles d'inexplicables résistances.

Ceux qui sont les causes ou les inspirateurs de ces entraves, à quelque mobile qu'ils obéissent, assument une bien lourde responsabilité !

Est-ce que si ces Sociétés avaient existé partout comme elles auraient dû exister, autorisées, soutenues, encouragées, les ouvriers n'y auraient pas trouvé, pendant les années mauvaises où la maladie et le chômage se sont abattus sur notre région, la protection et l'assistance auxquelles ils ont droit !

Est-ce que, si le service médical, dont l'organisation pratique est le premier bienfait des Sociétés de secours mutuels avait été établi partout, les épidémies qui ont décimé nos campagnes normandes se seraient propagées comme elles l'ont fait et auraient laissé tant de victimes sur leur passage ?

Étudier, résoudre avec l'esprit le plus libéral et le plus

large tous ces problèmes qui touchent à la vie même de l'ouvrier, telle doit être notre incessante préoccupation.

Et je le dis d'autant plus haut, qu'en prononçant ces paroles, je sais quel accord parfait existe entre nous et l'honorable député qui nous préside. Il n'a jamais cessé, depuis qu'il est à Chambre, de s'occuper de toutes les questions qui touchent à l'amélioration du sort des ouvriers. Il est le Secrétaire de la Commission du travail, il est l'auteur et le rapporteur de la loi sur la réglementation du travail des employés, et ici, vous savez tous le bien qu'il fait autour de lui.

La grandeur et la prospérité de la France dépendent de la solution pacifique de ces questions.

Ouvriers aujourd'hui, vous êtes soldats demain et il faut que, quand vous rentrez dans vos foyers, vous y trouviez toutes les protections et toutes les assistances.

Il faut que, quand vous êtes absents pour le service de la Patrie, vous sachiez que vos femmes, vos enfants, vos vieux parents sont entourés de tout ce qui peut adoucir et faciliter leur vie.

Ce but, les Sociétés de secours mutuels le remplissent. Elles donnent au travailleur la sécurité du lendemain, et, comme l'a dit si éloquemment l'homme éminent que vous avez souvent acclamé dans cette enceinte, qui a consacré toute sa vie à l'extension de ces œuvres de prévoyance mutuelle, et qui méritera dans l'histoire une place à part sur la liste des bienfaiteurs du Peuple, M. Vermont : « Elles préservent le riche de l'égoïsme et le pauvre de l'envie. Elles sont le terrain neutre où tous les hommes de cœur se rencontrent, où les vertus grandissent, où les préjugés se dissipent, où ceux que divise partout ailleurs la naissance, la fortune ou les opinions apprennent à s'aimer en s'unissant pour faire le bien et en préparant pour la France, avec l'union de ses enfants, un trésor de prévoyance qui dépasse aujourd'hui deux cents millions (*). »

Il n'est pas possible de mieux dire.

III

L'expansion du travail national, Messieurs, n'est pas exposée seulement à ces dangers, inhérents à la nature même et à la vie de l'homme.

(*) M. H. VERMONT, *Etude sur la situation légale des Sociétés de secours mutuels en France...* 1. 93.

Elle se heurte, à l'heure où nous sommes, à un autre péril tout spécial, mais dont la gravité ne doit pas échapper à ceux qui ont au cœur, un dévouement sérieux et sincère pour le Peuple.

Je veux parler de la concurrence étrangère et de l'invasion des ouvriers nomades.

Quelle est la situation?

Depuis plus de quinze ans, les influences cosmopolites sont toutes-puissantes. Je n'ai pas à refaire ici l'histoire de ces derniers mois. Des scandales récents ont établi ce fait monstrueux.

A la faveur de ces interventions injustifiables, les étrangers ont pénétré partout.

Des sociétés étrangères ont obtenu des marchés de travaux publics. On a vu des ouvriers allemands travailler à la construction de nos forts, de nos chemins de fer, de nos ponts!

Des fabriques anglaises, australiennes, américaines, canadiennes ou autres ont obtenu la fourniture des conserves de l'armée!

Sous prétexte d'économies, les administrations publiques ont donné leurs commandes à des maisons étrangères, les refusant à l'industrie française, au grand bénéfice d'intermédiaires dont le patriotisme nous interdit de rechercher le rôle.

Par une conséquence nécessaire, l'ouvrier étranger s'est précipité sur la France dont on lui ouvrait toutes les portes.

Autrefois, on voyait des familles riches venir des pays voisins dépenser à Paris ou dans des villes de plaisir, leurs gros revenus.

Aujourd'hui, ces riches familles ne viennent plus, ou, si elles paraissent, elles ne séjournent plus que comme de vulgaires touristes; mais, par contre, elles nous envoient leurs nationaux sans emploi qui, ceux-là, viennent, non pas dépenser leur superflu, mais vous prendre une large part de votre nécessaire.

Ils frustrent ainsi l'ouvrier français du travail qui devrait lui être confié et des salaires qui en seraient le résultat.

Le mal est profond. Il s'aggrave tous les jours.

Pourquoi?

Parce que la législation actuelle place l'ouvrier français dans une situation d'infériorité absolue.

Voyez ce qui se produit :

Voici un ouvrier français qui habite sa commune natale. Il a un loyer à payer, une famille à nourrir, une foule de charges diverses à supporter. Il est astreint à la loi militaire et, pendant de longues années. il devra subir les appels des 28 et des 13 jours qui amèneront une interruption forcée dans le travail qu'il aura entrepris.

Que, dans cette commune, vienne se fixer un ouvrier étranger travaillant du même métier que lui.

Cet homme vit chez le patron qui l'emploie, ou à l'auberge, il n'a pas de famille à soutenir, il n'a de charges locales d'aucune sorte. Il n'est pas astreint à la loi de l'armée. Il peut travailler sans aucune interruption.

Il travaillera à meilleur marché que l'ouvrier français et cependant il gagnera beaucoup plus.

Quel est le résultat de cette inégalité qui frappe tous les yeux et de cette faveur accordée à l'étranger qui indigne les vrais patriotes, c'est que depuis quinze ans, le nombre des ouvriers étrangers employés en France a plus que doublé.

Il était à peine de six cent mille en 1871. Il est aujourd'hui de *quatorze cent mille environ.*

C'est-à-dire qu'il existe sur le sol français *quatorze cent mille ouvriers étrangers* (leur nationalité importe peu) qui occupent les places que devraient occuper *quatorze cent mille ouvriers français*, de tous les corps d'état.

Quant au chiffre des salaires que touchent ces ouvriers étrangers, salaires qui devraient être répartis entre nos concitoyens, il est de **cent soixante millions par an!**.

Quels chiffres !

Et l'on s'étonne, après cela, que la misère augmente, et l'on s'étonne de voir errer sur les routes des malheureux qui ne savent où porter leurs pas et qui sont réduits à mendier le morceau de pain qui les fait vivre.

Et l'on s'étonne de la gêne atroce qui étreint, dans les chaumières de nos villages, au milieu du renchérissement de tout, tant de ménages si honnêtes, si laborieux, si dignes d'intérêt, mais qui ne peuvent arriver à trouver un travail rémunérateur.

Eh bien! pour remédier à ce mal qui frappe en plein cœur le travail national, pour arrêter cette invasion si dangereuse à tous les points de vue, qu'a-t-on fait? rien.

Je me trompe, on a fait une loi qui autorise et régularise, sous certaines formalités très simples, le séjour des étrangers dans nos communes et qui leur donne ainsi droit de cité.

Mais, quant aux mesures qui tendaient à protéger utilement l'ouvrier français contre un mal qu'il est individuellement impuissant à combattre, à sauvegarder ses droits et relever ses salaires, en établissant une taxe sur les ouvriers étrangers et sur ceux qui les emploieraient, en les soumettant au moins à la taxe militaire et en les plaçant ainsi dans une situation égale à celle de nos concitoyens, nous devons constater avec une profonde tristesse que c'est à de fortes majorités que la Chambre, les a repoussées. Par sa faute, dans cette année de crise, l'invasion des étrangers est plus forte et sera plus funeste que jamais.

C'est dans les séances des 4 et 6 mai dernier que cette question si brûlante, si actuelle, qui exigeait une solution immédiate que la Chambre, dans sa souveraineté, pouvait lui donner, a été discutée.

C'est dans la séance du 6 mai qu'ont eu lieu les votes auxquels je fais allusion et qui engagent gravement la responsabilité de ceux qui s'y sont associés.

Quelques jours après, je me trouvais dans une de nos communes; dans une pauvre chaumière isolée était étendu, sur un simple grabat, un ouvrier tisserand, jeune encore, mais gravement malade.

Autour de lui, sa femme et ses six enfants; dans la maison, pas de pain, pas un sou pour acheter les remèdes nécessaires.

C'était la détresse, c'était le désespoir dans ce qu'ils ont de plus lugubre.

Et cependant cet homme était laborieux. Il travaillait tant qu'il pouvait, tant qu'il trouvait de l'ouvrage. Il était rangé, il était sobre; sa femme travaillait aussi. Mais ils ne pouvaient rien mettre de côté pour les jours de chômage ou de maladie.

Quand il pouvait obtenir une chaine, lui, il arrivait à gegner environ vingt sous par jour, et sa femme qui tissait aussi, gagnait de quinze à seize sous.

Et, il y avait, dans cette pauvre maison, huit personnes à nourrir.

En face de cette souffrance imméritée, en face de ces angoisses et de ce désespoir, je me reportais, par la pensée, à ces chiffres que je vous indiquais tout à l'heure !

Est-ce que la situation serait ce qu'elle est dans nos campagnes si les *cent soixante millions* de salaires que se partagent les ouvriers étrangers restaient aux ouvriers français ?

Est-ce que la situation serait ce qu'elle est, si des voix énergiques osaient, à la tribune, signaler ces misères et réclamer du Parlement des mesures urgentes et nécessaires ?

Est-ce que la situation serait ce qu'elle est si tous les hommes dévoués à la cause populaire faisaient entendre, d'un bout du pays à l'autre, ce cri de ralliement et de salut : " *La France aux Français* " ?

Mais, qu'ils sont peu nombreux ceux qui, à notre époque, osent prendre en mains, avec la vigueur, avec la persévérance nécessaires la défense des petits, des humbles, de ceux qui travaillent et souffrent silencieusement !

On vogue au jour le jour, on cherche à éviter la difficulté du moment. On fait de la politique mesquine et intéressée; mais on n'a pas le courage d'aborder en face ces problèmes palpitants de la vie sociale d'où dépendent l'avenir du pays et la vie des travailleurs !

En voulez-vous un exemple local ?

Les ouvriers tisserands qui habitent tous les villages qui vous entourent n'ont plus qu'un travail précaire, que des salaires manifestement insuffisants.

Depuis que la crise qui les atteint existe, s'est-on occupé d'eux? Quelle voix s'est élevée à la Chambre pour provoquer, en leur faveur, des mesures qu'on a bien su provoquer pour venir en aide aux ouvriers mineurs, aux grévistes de grandes villes et à tant d'autres!

Et cependant, ce sont des enfants du pays, qui y ont leurs familles, qui y ont leurs intérêts, qui tiennent à y rester?

Qu'a t-on fait pour eux pendant les législatures qui viennent de se succéder?

Eh bien !

Il faut oser montrer le mal où il est! Il faut faire cesser cet état de choses, car l'intérêt du peuple est sacré et c'est lui seul qui est en jeu!

Vous le voyez. Pour atteindre son extension complète, pour donner tout ce qu'on est en droit d'attendre de lui, le travail national a besoin d'être protégé et défendu.

Vous avez vu quels sont les dangers qui le menacent. Vous avez vu quels sont les moyens qui peuvent neutraliser et détruire ces dangers.

Les uns dépendent de l'initiative individuelle.

Les autres dépendent du Parlement.

Que des Sociétés de Secours mutuels se créent partout, que l'Administration se montre large et les autorise rapidement.

Que la nouvelle Chambre vote une loi qui arrête complètement l'invasion des ouvriers étrangers, en supprimant les faveurs insensées qui leur sont accordées.

Et le travail national prendra un essor dont on ne peut se faire une idée, car les ressources du pays sont immenses et votre activité est infatigable.

IV

Ne l'oubliez pas, Messieurs, nous vivons à une époque d'émancipation sociale.

Des idées nouvelles ont surgi auxquelles les voix les plus hautes ont donné l'autorité de leur approbation. Vous voyez par votre propre exemple, combien sont largement compris et appliqués ces principes tutélaires de philanthropie populaire et quels résultats considérables ils produisent.

Eh bien ! c'est sur cette large base de l'amour du prochain, de l'union, de l'assistance et de la coopération mutuelles, que la démocratie nouvelle se fondera, et les générations qui grandissent autour de nous sont résolues à donner à l'organisation de cette démocatie toute sa perfection et toute sa force !

Elles entendent que les pouvoirs publics et les assemblées, au lieu de se compromettre et de se discréditer dans des intrigues aussi louches que scandaleuses, s'occupent activement des intérêts du peuple et assurent aux agriculteurs et aux ouvrier qui sont les forces vives de la Nation, l'influence et les droits qui leur sont dus.

Elles veulent la fin de cette période d'anarchie parlementaire qui a tout compromis et tout arrêté.

Elles veulent le respect de la liberté et des droits des patrons, comme le respect de la liberté et des droits des ouvriers.

Elles veulent l'apaisement, la concorde et l'union entre tous ceux qui aiment la Patrie par dessus toutes choses !

Elles veulent la diminution des impôts qui épuisent toutes les ressources du pays et qui paralysent le travail national.

Elles veulent en tout la réforme et le progrès.

Elles veulent que les mots de *Liberté*, d'*Égalité*, de *Fraternité* ne soient pas seulement des lettres peintes sur les monuments publics, mais bien des vérités inscrites dans les mœurs et dans les lois.

Elles veulent, enfin, qu'à ces trois mots qui ont été la devise glorieuse du passé, on ajoute le mot de *Probité* qui est la devise nécessaire de l'avenir.

Paris, Imp. Lefebvre, Passage du Caire, 17-19 — 315193

IMPRIMERIE LEFEBVRE, PASSAGE DU CAIRE, 87-89

www.ingramcontent.com/pod-product-compliance
Lightning Source LLC
Chambersburg PA
CBHW061842060726
47597CB00008B/3576